Hedir Al-chalabi

ECOURI DE SPERANȚĂ

Grafică şi copertă: Zitou Matsimouna Manza
Tehnoredactare: Andrei Călin Pascaru

Descrierea CIP a Bibliotecii Naţionale a
României
XXXXXXXXXXXXX
XXXXXXXXXXXXXX
XXXXXXXXXXXXXX

EDITURA „DAVID PRESS PRINT"
300117, Timişoara, str. Şt. O. Iosif bl 8/a
Tel./fax: 0256/229.121
e-mail: davidpressprint@gmail.com

ECOURI

DE SPERANȚĂ

Hedir Al-chalabi

Ție, cititorule

Tânăra care bate la porțile poeziei se vrea de la început o căutătoare ardentă a sensurilor existenței – frământate de întrebări în legătură cu forța de netăgăduit a timpului.

„Părând un strop de lacrimă de pe-o întinsă plajă", suntem minusculi față de imensul Univers. Starea permanentă e aceea de veghe în fața unui infinit – niciodată cunoscut. Eroul liric se află între ființa dragă și lumea imensă înconjurătoare.

Dominantă este starea de tristețe în fața misterului ce ne înconjoară: „Se simt fiori adânci de tristețe/ Iar ce va fi... rămâne un mister".

În drumul dintre înălțimi și spații terestre, sufletul rămâne „trezind speranțe". Oricât ar încerca cineva să-i închidă lumea, eroina rămâne cu un „imens și veșnic sentiment de viață... înconjurată de iubire...". Poezie de meditație cu privire la viața și existența noastră, lirica simplă și sinceră din acest volum este și o poezie a iubirii sincere în care așteaptă neîncetat liniștea lumii nepătate. În calea regăsirii iubirii adevărate, poeta ne propune credința în Forța Supremă. O lume de întrebări oferă cititorului posibilitatea regăsirii „mângâierii" și „liniștii". Plaja, întinderea imensă e martoră permanentă a setei de absolut – a convingerii că „marea, moartea și iubirea" călăuzesc pașii celor ce se iubesc.

Consecventa căutare a „seninului", „păcii", „luminii", face trecutul să se interfereze cu prezentul, iar „vârsta ne duce la capătul vieții, ne obosește, ne irosește, ne înalță, ne absoarbe". În încrucișarea dintre pământ și ocean – poeta preferă oceanul care caută pacea despre „sufletele oamenilor", exprimând frumusețea. În întinderea imensă și tulburătoare – se află și Divinitatea – de aceea ea iubește Luna, Steaua, Soarele, Pământul și oamenii. Căci – ne sugerează discret, tânăra poetă – toată această iubire își are rădăcinile în Credință, în Divinitate. Credința dă putere iubirii, vieții, luptei, pentru ca zborul ei să fie neîntinat. Universul purității găzduiește și copilăria, dragostea de părinți, lumea de poveste a începutului existenței noastre.

Izvor de viață, iubirea eternă, încrederea și setea de unicitate în trăiri, deschid o altă cale sufletului vibrării de la eterna simfonie a lumii.

DORINA MĂRGINEANȚU

Mărturisire

Îmi amintesc o vorbă - „la durere, stai singur, iar la bucurie, cheamă și pe alții". Tristețea sau melancolia nu mă reprezintă, poate mai degrabă adâncirea în suflet. Cartea evidențiază doar clipele în care mă refulez prin vorbe scrise. La bucurie nu pot scrie, nu mă pot adânci în mine pentru că simt nevoia de a împărtăși înălțarea mea. Cred, însă, că fiecare ființă are clipe de îndoială, de deviere de la ceva ce înseamnă viață. Am învățat că doar răbdarea și exprimarea mă pot face să conștientizez momentele de căutare. De aceea, subliniez că momentele de declin din viața unui om trebuie să-l îndrepte spre ceva benefic, spre ceva ce îl poate face mai înțelept.

Așa cum unii dansează, cântă, se joacă, se plimbă... - eu am ales să scriu, sa trăiesc și să iubesc!

MULȚUMESC...

Mulțumiri din suflet tuturor celor care s-au implicat, m-au ghidat, care m-au ajutat concret, sau cu o vorbă de încurajare, pentru a duce la bun sfârșit această carte - tuturor celor care mi-au pus întrebări, mi-au cerut ajutorul, m-au lăudat sau m-au criticat.

Sunt recunoscătoare familiei mele, care m-a susținut permanent și a crezut în mine.

Mulțumesc corectorului, paginatorului și editurii. Însă, în mod special, îi mulțumesc d-lui Zoltan Kovacs, fără de care, aceste rânduri nu ar fi fost tipărite.

Mulțumesc lui Dumnezeu pentru oamenii pe care i-a trimis în calea mea de-a lungul vieții, pentru puterea, sănătatea și învățămintele de care am avut parte.

TIMP

E prea târziu?
Sau prea devreme?
E mult de când
Apa timpului
Prin trupul meu
Se cerne.
Atâta eu te-am așteptat
Și n-ai venit -
Nu știu
De-i prea târziu
Sau prea devreme.

Îmi va ramâne
Din amintirea ta
Un parfum doar
De flori și de regrete.
Timpul nu s-a oprit -
Nu a vrut
Sau nu a putut
Să mă aștepte.

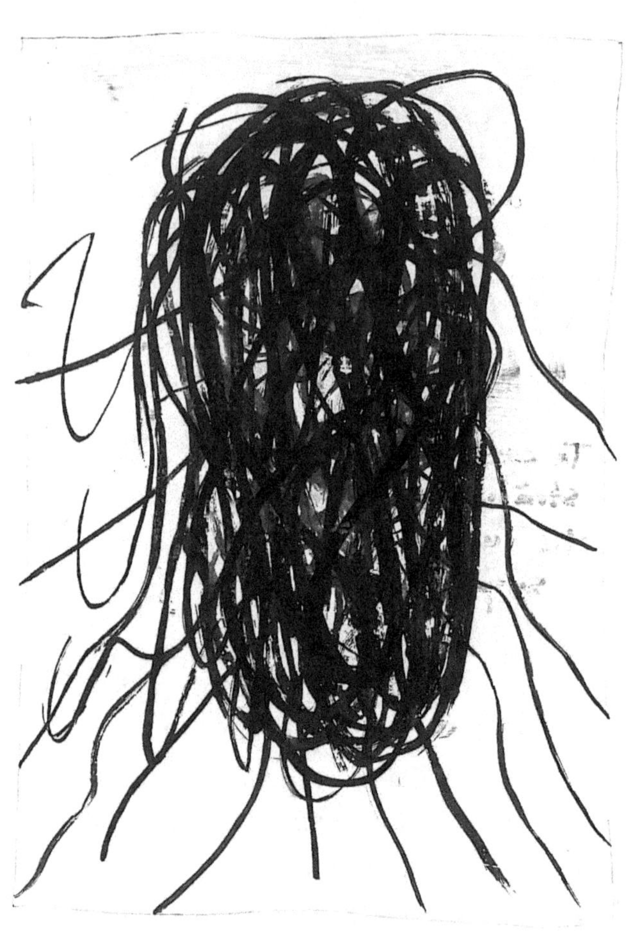

VIS SAU REALITATE

În poala ta
Eu frunte-aș vrea
Să-mi plec
Și-n șoapte dulci
Să-ți spun
Cât te iubesc.

Dar știu că dorm,
Că tu ești vis,
Și ce-am să fac
Când mă trezesc?

SIMȚĂMINTE

Atunci când ea
Este iubită,
Nu e normal
Să-i mulțumești
Fiindcă există?

Nu ține cont
De ochii-mi
Triști.
Îți mulțumesc
Fiindcă exiști!

NOAPTE

Noapte! De când te-aștept -
Stau zile-n șir să văd cum te apropii.

Tu mă alini când sufletul mi-e ars,
Tu stai, nu pleci decât atunci
...când forța Zilei încet revine.
Cât te ador, O! Noapte, Tu!
       Cât Te ador!
Cât de aproape-mi - ești, întotdeauna.

MIERE AMARĂ

Mă înșel
Mințindu-mă
Sperând că dorința
Devine realitate
Crezând că
Se mai poate
Că e mai bine.
Păcătuiesc mințindu-te pe tine.
Și atunci mă-ntreb
În van și în deșert:
Păcătuind, cum pot
Să mă mai iert?

NU POT,
DAR SUPRAVIEŢUIESC

Nu am puterea să te ţin în braţe-o viaţă întreagă.
Nu am puterea să întâmpin numai greutăţi.
Prin ochii mei văd o lume
Asemenea teatrului
Pe care cu toţii îl trăim.

Tu vezi prin ochii-ţi mincinoşi
O lume fără moarte,
Dar sunt sătulă şi detest
Să văd în jurul meu... doar măşti.

Nu vreau decât să-mi spui
...o vorba caldă...
Asigurându-mi liniştea în lumea asta infernală.
Astfel, voi supravieţui.

ȘI IAR...

Și iar adormi în nebunie
Și iar mai trece-o zi, sau două...
  Înăbușite de monotonie...
Căci de-atâta timp încerci să fugi-
De ce?
Spre ce?
Către haosul de care vrei să scapi
Și drumul prăfuit,
Pașii grei din noapte
Care se aud în liniște.

Rămâi doar cu visele.
De fapt, ce sunt?
O evadare a eului întemnițat
Și vrei să dormi atât de mult...
Să evadezi din lume
  ... doar până ce ai dispărut!

VOI LUME

Un vânt amețitor
   Poartă pașii pe cărări
   Cu trupul gol și trist.
Invidiez îndepărtatele comori.

Eu chiar trăiesc…
   Uitând de tot…
   Îngenunchez în fața ta,
   Cu umerii-aduși.
O, lume… care ești atât de rea,
   Tu mă gonești!

UNEORI

Uneori când totu-i straniu și greșești,
Uneori când în bătaia vântului cazi și te lovești,
Uneori când crezi și vezi că viața nu-i decât -
                    un nor în care te sufoci,
Uneori când bucuros ajuți și-ajungi să fii lovit,
Uneori când simți că ești dezamăgit,
Uneori când totu-i un calvar și vrei să fugi,
Uneori când nicio lacrimă nu poate
                    să-ți șteargă durerea,
Uneori când toți te scuipă,
                    în loc să-ți întindă o mână,
            Gândește-te la Măreția Lui
        Crede și vei vedea că totul trece!

RENUNȚ

Renunț la tine,
Renunț la noi,
Renunț la tot ce-nseamnă doi...

Am vrut să plec demult,
Dar n-am avut curaj
...să-nfrunt
O lume-ntreagă...
...se-ntreba...
De ce-am fugit din calea ta?
Însă ei n-au văzut vreodată
Amarul ce-ai lăsat -

În viața mea cât un grăunte.
Am preferat să plec departe
Să nu-ți văd ochii reci
...pierduți...
pe un tărâm necunoscut mie.

Tu sigur vei rămâne fericit,
Căci tu în viață
Ai făcut orice,
                    Dar nu ai iubit!

ÎNCEPUT DE POVESTE

Departe, dar totuși nicăieri,
Pământul, izvor de viață,
Ne-aduce anotimpul
În care ne-am născut
Bătrâni în trup de inocenți
Sau chip de înger iubit de toți.

Ce puritate mai complexă vezi
Decât un început de existență?
Ești martorul poveștilor fără sfârșit
În care fiecare își începe

aventura sufletească.

LUMINEAZĂ-MI OCHII

Stelele din noapte îmi luminează ochii,
Luna cade în braţele mele căutând lumina.

Mirosul dimineţii îmi clăteşte speranţa
Inundându-mă cu şoapte ce mă doboară,
Tu fiind doar un intrus fermecător dintr-o lume perfidă.

Dar dragostea ce m-a adormit din realitatea fiarelor -
Izbucneşte din adâncuri,
Lăsându-mă trează în faţa unei realităţi crude,
Îndemnându-mă să lupt.

Lumea ascunde
Adevăruri mincinoase,
Iar totul pare o zi de sărbătoare.

Şi tot ce văd
Are un singur chip, un singur gând.

IUBESC

Te iubesc, Lună,
    Pentru că îmi dai lumina din noapte...
Te iubesc, Stea,
    Pentru că mă laşi să dorm în braţele tale...
Te iubesc, Mare,
    Pentru adierea ce o simt în păr...
Te iubesc, Soare,
    Pentru căldura ce o dai trupului meu...
Te iubesc, Pământ,
    Pentru casa ce mi-ai oferit-o...
Te iubesc, Om,
    Pentru învăţămintele tale...
    Dar cel mai mult -
Te iubesc pe Tine,
    Cel care ai creat Totul.
    Fie c-am îmbătrânit sau nu,
    Tot ce iubesc, ce văd, ce simt
    Pe Tine te cuprinde!

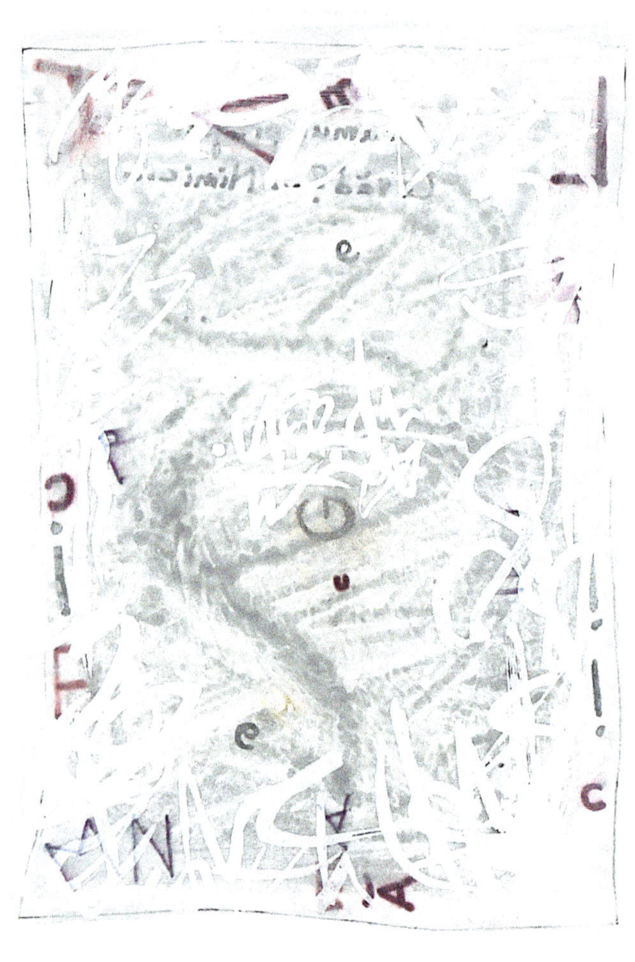

DOAR TU

Nici tu, nici eu...
Nimeni nu a cerut viaţa...
Dar având existenţa,
Purtăm în adâncurile noastre
Iubirea, durerea, golul...
Totul sau nimic...

Şi tu şi eu
Şi toţi din jur
Ne înălţăm sau coborâm
Ne rugăm Ţie,
Dar ne şi pierdem uneori...

Doar Tu ne ţii
În speranţă şi credinţă,
Iar teama de moarte
Dispare apropiindu-ne de Tine!

MESAJ

Ce-ţi doresc eu ţie
Îmi doresc şi mie,
Lacrimă din zbor,
Suflet plutitor.

Departe-mi eşti
Aproape-ţi sunt –
Cu gând, cu suflet şi cu trup.

Şi de ar fi vreodat',
Să calci poteci umbrite,
Adu-ţi aminte –
C-a fost odat-un duh,
Ce paşii ţi-i călăuzea.

Acum e doar o parte,
Din amintirea ta!

PENTRU CEI CE N-AUD

Parc-am trăit mai multe vieți -
De om nebun,
De om bun și om rău.
De moare unul -
Apare altul,
Dar ce rămâne…
E doar unul!

CEL IUBIT, POȚI PLECA

Iubirea mea nu simte mângâiere,
Iar tot ce văd - primesc, e doar o grea durere,
Dar încă stau, l-aștept pe cel iubit,
Ce n-a știut vreodată, că eu n-am mințit.

Rănit-am fost de spinii aruncați
De cel în care-odat' crezusem.

Acum ce rost mai are...
Să stea, să plângă la capul meu
Și să observe cu regret
Trista-mi privire ce s-adâncește-n neant.

Tu poți pleca! E prea târziu -
Doar vezi că am murit deja,
De-acum veșnic voi veghea,
Iubitule... asupra ta!

TIMPUL

Trece o zi,
Trec două, trei...
Și trece fără să-mi dau seama...
        viața...

Și vă revăd
Sau nu, vreodată?

SUNT SAU NU...

Sunt un înger învins
De soarta cea crudă
Şi-n zid m-au băgat.

Pictată-n lemn uscat am fost...
Ochiul mi-e gol...
Şi-am devenit invizibilă.

NIMIC

Privind prin geamul prăfuit,
Vedeam orașul cum se risipește,
Simțind tot golul meu din suflet
Ce tot mai mult se adâncește.

Dar văd cum ființa de sub apă
Spre țărm, în voia valurilor se îndreaptă
Și alge putrezite-o acoperă.

Și o întreb... de ce?
Însă raspunsul e... Nimic!
Ce văd?... Nimic!

Dar merită ceva?
Nimic... din ce-aș fi vrut să-i dau

Ajung să simt... nimic sau tot...
Să văd... nimic sau tot...
S-aud... nimic sau tot...
Și-acoperită ființa e pe veci
De valuri mari și alge grele...
Otrăvită de triste gânduri
*   ...a rămas cu sufletul secat...*

OGLINDA

Mă uit în oglindă...
Şi tresar...
Chiar surâd!

Ah, povara anilor...

Mă uit în oglindă
...şi văd lumea efemeră...
Ce merge cu paşi rapizi.

Mă văd... tresar...
...şi ştiu...
că drumul meu...
E pe acelaşi patinoar.

DRUM DE OM

Nu port numai doliu,
Nu fug din lumea întristată
Și nici din corul îngerilor decăzuți,
Ci doar urmez poteci umbrite
De unde-aud suspine mohorâte.

Iar sufletul amorțit
Privește cerul nemărginit
Plin de culori, ca niște flăcări rătăcite...
Trezind speranțe
Ce duc spre înălțimi.

FIORII NOPȚII

Din întunecata noapte
Se înalță șoapte înmiite
Gemând în disperare,

Dar glasurile se-mpletesc,
Se simt fiori adânci, tristețe,
Iar ce va fi... rămâne un mister.

NOAPTE DE VIS

Te aștept în cameră
  ... desculță...
Înconjurată de mii de lumânări
De parcă retrăim acele triste
  ... și lungi nopți de vară!

Te-aștept! În cameră,
   ... doar lumânările mă mai veghează.

Privesc cum sfeșnicele stau în umbră
Și știu că, de ar fi să plec,
Doar ele rămân -
   ... la capul meu străine,
Căci tu nu vii, iar eu nu mor...

ȘANSA LUMII

Lacrimi curg
pe chipul îmbătrânit
　　　...de durere...
　　Mai e o șansă
　　　　Să erupă flacăra ce ardea
odată-n noi?

　　Zâmbim ironic la tragedii
　　Ne adâncim în golul imens

Îndepărtându-ne copilul
　　　　　odată avut
　Cu fruntea proptită pe ziduri reci
　　Ne scufundăm privirea în neant.

DEDICATED TO THE LOST ONES

My love...
Once... you were my soul...
And I... your eyes...
But now... I've lost you into the unknown night...
I had slept infinite lives before you came ...
But you've awoken me... as you entered my heart.

I'm praying behind the shadows of the moon -
Will I find you again?
Crystal tears suffocate my breath.
I've kept the dying dreams,
My soul is dying now...
It's written in my flesh - your name...
*   ...my Beloved...*

EU M-AM DUS, TU AI RĂMAS

Nu te ştiu de nicăieri -
　　　Suntem străini?
　　　Sau mă cunoşti?
　　　Îmi pari suspect...
Inevitabil mă înstrăinez
　　Priveşti în ochii mei şi văd
　　Că vrei să-mi furi căldura...

　　Eşti ca Mamonul
　　Acelaşi Urian ce vrea să
Mă conducă spre conventic.

ÎNTEMNIȚATĂ

Un strop din nor
Alungă vraja suferinței
Iar chipul pare tot mai gol.
Și stau și simt și văd,
O judecată...
       A unei aparențe...
Și-atât iubesc, și-atâta doare
În viață totul pare
Un strop de lacrimă de pe-o întinsă plajă.

De nu vă pasă ce-i în lume,
Ci doar fațada ei...
Întemnițați veți sta în veșnicie
Și veți privi din umbra sa...

TU MĂ DISTRUGI

Tu mă distrugi
....încet...
Și-ți place -
Și tot mai mult încerci să iei
Din viața mea!

Așa simți cum sângele
...îți fierbe...
de mare mulțumire!

Tu vrei să distrugi
Cu pași înceți...
Ce-a mai rămas din ființa
mea blajină
Și-atât dorești: să mă arunci
Întemnițată ...
- Ce mulțumit te vei simți!
Tu mă distrugi!
Vrei să stau
Pe veci închisă-n mine...
Departe de lume, de cei dragi...

Tu mă distrugi!
Dar ce am -
E un imens şi veşnic sentiment
De viaţă...
Înconjurată de iubire..

UNICUL NOSTRU

Tu m-ai ales să fiu
Pe-acest Pământ
  ...minuscul față de Măreția Ta.
Și mi-ai dat viață
Într-o familie mult iubită
De Tine și de mine...

Cât de micuț și fragil sunt
În fața Veșniciei Tale!
Sunt un nimic
Față de Unicitatea Ta.
Totuși, ceva ne leagă
Și-Ți mulțumesc că mi-ai creat
  ...iubirea...

ȚĂRMUL ȘI CELE DOUĂ EXTREME

Ce este, de fapt, oceanul? Mii de răspunsuri îmi trec prin minte...

Ce inspiră? Frumusețe, pace, iubire pură, inocență, măreție, creație... Dar de ce gustul mărilor, oceanelor este atât de sărat-amărui?

Poate că această frumusețe a lumii, ascunde, de fapt, în spatele ei, infinite lacrimi de amărăciune! Oceanele s-au format așa adânci, imense, din pricina lacrimilor vărsate de oameni!

De ce oceanul este despărțit de pământ?

Pământul inspiră duritate, putere fățarnică... poate că, de fapt, oceanele sunt sufletele oamenilor exprimând frumusețea și amarul, iar pământul arată efemeritatea trupurilor... Deși oceanul este opus pământului, totuși, există o legătură între ele, considerând că pământul fără ocean nu valorează nimic; se poate concluziona că și trupul fără suflet este nimic!

Dar ce-i cu țărmul? De ce acea atingere fragilă? Atât de pur și curat în esență este țărmul.... legătura dintre apă și pământ, legătura dintre trup și suflet este o altă frumusețe...

Ce leagă trupul de suflet este tot ce înseamnă Divinitatea Absolută. Singurul lucru despre care se știe că este absolut, divin, unic, infinit - ești Tu - Cel care ai Creat Totul și Nimicul, Cel care ai făcut totul cu măreție.

Nimic nu are culoare, viață, tristețe, bucurie, fără splendoarea Ta!

EVAPORARE

Sufletul s-a evaporat precum cenușa aruncată deasupra munților sau oceanelor... suntem nimic și tot; suntem peste tot și niciunde... trăim zilnic vise sau coșmaruri. Soarele-i întunecat, adâncit în noi, flacăra inimii s-a risipit spre amintiri... Privim lumea prin ochii tuturor, dar nimeni nu vede speranțele pierdute pierdute în încăperi prăfuite...

Lumina ochilor și-a pierdut strălucirea, culoarea, odată cu pierderea dragostei...

Fantomele încă bântuie plângând trecutul blestemat. E întuneric, iar mizeria lumii ne împresoară... totul e trecător, dar filmele zilei de ieri arată goliciunea lumii, târându-ne chinuiți de soartă... Ne-am fi clădit oare un foc departe de lume, care sa ne călăuzească în liniștea grea spre infinit? Suntem doar păsări solitare...

Rănile se vindecă, dar nesiguranța ne dezechilibrează...

VIS...

Durere? Fapt bun sau rău? Semn bun pentru a deveni mai puternici, semn rău pentru o lacrima căzută în plus.

Se va găsi oare, în necunoscutul din noi, în sufletele înghețate și îndurerate, o mângâiere, ceva blajin? Suntem ciudățenii, deoarece ne place ca ființa să călătorească cu sufletul pe plajele pustii?

În singurătate adormim desculți și dezbrăcați pe malul mângâiat de flux și reflux, cu părul umed... Sicriele din scoică și sticlă - ne așteaptă dincolo de neguri și ne vor plimba pe veci în largul mării.

Oare chiar suntem empatici... sau doar visăm la verva noastră, sau doar vedem că toți au ajuns la senectute...

Alinarea este trecerea, căci ne va duce să colindăm locuri la care nici măcar nu visăm; vom muri și vom cunoaște... vom muri și pacea ne va împlini!!!

Visez?!... E doar un vis pe plaja infinită și pustie, iar sângele îmi circulă prin vene puternic... ca valurile ce se izbesc de stânci. Nevoia de tine, ființă homerică, e ca și nevoia de sânge... Apusul face marea mai roșiatică... de asemenea și cerul.

Trezirea din beția temporară mă dezorientează, căci nu te văd aproape de mine, de ce? Oare-i alt vis din atâtea vise - sau durerea e prea mare pentru a vedea ce este veridic?!...

Totuși, prefer să fiu cu tine, să fim noi doi fugind pe plaja luminată sub clar de stele sau, poate... fiind departe, să călătorim pe mare... noi doi și marea, moartea și iubirea ne vor ghida pe amândoi în locuri nemaiîntâlnite unde va ploua cu frunze de toamnă uscate, acoperindu-ne corpurile. Stelele ne vor îndruma pașii noaptea, iar ziua, vom urma soarele ca focul, ce dă norilor aceeași culoare...

Iubirea ne va călăuzi pe veci... tu și eu, dincolo de vise, dincolo de neguri... noi doi și călătoria pe mare!...

VARĂ DE NEUITAT

*Stăteam vara la marginea lumii și simțeam o pace-adâncă...
priveam la stele, spre lumi îndepărtate, împărtășindu-mi visele de
copil. Simțeam cum liniștea mi se revarsă în suflet și mari speranțe
se pierdeau în emoțiile risipite spre infinit!*

*Dar uneori când mă trezesc în noapte și respir adânc, simt lava
ce ne înghite!*

*Demult, în verile înseninate aveam o pace - adâncă și-o sinceră
fericire! Unde s-au dus? De ce au dispărut?*

*Ce minunat să fii o lebădă pe ape sub cerul clar! Zilele trec
și-am obosit de-atâta așteptare - aștept un răsărit de soare!*

TRECUT CICATRIZAT

Este atât de târziu, iar ochii îmi sunt atât de obosiţi...

Gândurile îmi vin şi-mi pleacă precum vântul ce mângâie valurile oceanului... Aud trecutul ce-şi rosteşte poveştile...

Durerea învie şi strigă Universului, Pământului, Vieţii să plouă cu lacrimi, râsete, bine, rău, viaţă sau moarte! Timpul să se oprească pentru a face să dispară gândurile, visele, totul!

Vârsta ne duce la capătul vieţii, ne oboseşte, ne iroseşte, ne înalţă, ne absoarbe...

Suntem o altă prezenţă cu atâtea vise caraghioase, însă nedezvăluite...

Chipul fragil se va ascunde veşnic sub aripile turturelelor!

Cuprins

www.ingramcontent.com/pod-product-compliance
Lightning Source LLC
LaVergne TN
LVHW010457200726
843506LV00002B/139